D'AMIENS A ALBERT

APRÈS LA

BATAILLE DE PONT-NOYELLES

Par M. H. DAUSSY.

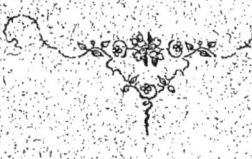

AMIENS
IMPRIMERIE H. YVERT
Rue des Trois-Cailloux, 64

1884

D'AMIENS A ALBERT

APRÈS LA

BATAILLE DE PONT-NOYELLES

Par M. H. DAUSSY.

AMIENS
IMPRIMERIE H. YVERT
Rue des Trois-Cailloux, 64

1884

D'AMIENS A ALBERT

APRÈS LA BATAILLE DE PONT-NOYELLES

Par M. H. DAUSSY.

Le mardi 27 Décembre 1870, dans la matinée, la neige tombait abondamment. Nous avions le loisir de la regarder tomber, car nous n'étions plus absorbés par le service des réquisitions. Depuis le Dimanche 25 Décembre, jour de Noël.— triste Noël ! — il ne restait à Amiens qu'une faible garnison : les réquisitions ne portaient guère que sur ce qui était nécessaire aux blessés qu'on nous avait amenés à la suite de la bataille de Pont-Noyelles.

Vers 10 heures, un soldat vint me présenter une réquisition du commandant de place, ou, suivant le langage de l'époque, de la *commandanture*. Car il est bon de dire que les Allemands, dont la langue militaire est presqu'entièrement empruntée au vocabulaire français, ont fabriqué à leur usage, et suivant les règles de formation de la langue française, des mots que celle-ci ne possède pas. De même qu'avec le mot Préfet, nous faisons Préfecture, (les Allemands disent « Præfectur ») avec le mot Commandant ils ont fait « Commandantur ». Il faut convenir que c'est plus commode pour désigner ce que nous appelons, par une périphrase, les bureaux du commandant de place ; mais beaucoup d'Amiénois n'ont jamais pu s'habituer à prononcer le mot correctement et presque tous disaient la « Commandature ».

On nous demandait dix voitures pour transporter des bagages et une calèche pour des officiers. Que signifiait ce départ de troupes ? Cela m'intriguait. Drogant, l'adjudant de place, ne nous avait rien annoncé de semblable lorsqu'il était venu le matin, à 8 heures et demie, avec sa ponctualité ordinaire, nous apporter les ordres pour la journée.

J'avais l'habitude de faire causer les soldats qui me présentaient des réquisitions de ce genre. Je demandais pour combien de jours les voitures étaient requises, et où elles devaient aller. C'était pour moi le moyen de contrôler le compte de ce que me réclameraient charretiers et conducteurs. C'était aussi un prétexte, je dois en convenir, de savoir un peu ce qui se passait.

Il ne faut pas oublier que nous étions absolument tenus au secret, privés de toute communication avec le dehors, isolés de la France, isolés du monde entier, entièrement à la discrétion de l'ennemi. Nous ne pouvions rien apprendre que de lui : s'il gardait le silence, il fallait se contenter de ne rien savoir ; s'il publiait des nouvelles, nous avions de bonnes raisons pour ne pas accorder créance aux affiches dont ils placardait nos murs. Dans une telle situation on est avide de tout ce qui peut jeter une lumière, si douteuse qu'elle soit, sur les événements du dehors Le moindre indice était recueilli avec empressement et devenait le thème des commentaires auxquels chacun, suivant le tempérament de son esprit, se livrait avec plus ou moins de prudence. Je saisissais, quant à moi, toutes les occasions d'apprendre ce que faisait l'ennemi, de deviner le sens de ses mouvements, de me rendre compte de son attitude. Je combinais les détails dont je parvenais à avoir connaissance, je discutais en moi-même les hypothèses diverses qui pouvaient les expliquer ; mon esprit était constamment tendu sur les péripéties de la lutte nationale.

Le soldat, interrogé, m'apprit que les voitures devaient transporter les sacs et les bagages d'un détachement qui venait de débarquer du chemin de fer, et qu'on dirigeait sur Albert. Il était composé d'hommes des dépôts, arrivait d'Allemagne, et allait boucher les vides faits par la guerre dans les régiments de la 30e brigade. *Ersatzmannschaften*. La calèche étaient destinée à deux officiers blessés qui rejoignaient leur corps également à Albert.

A Albert ! c'est là qu'habitait ma fille dont je n'avais point de nouvelles depuis dix jours !

Pendant que je continuais à faire causer le soldat, voici les idées qui me passaient par la tête.

Il y avait donc un rassemblement de troupes assez considérable à Albert ? Si les Prussiens occupaient cette ville c'est que l'armée française avait reculé vers le Nord, comme on le disait, du coté d'Arras et de Cambrai. Cependant quand nous avions vu, le soir du 23 Décembre, une partie de l'armée prussienne revenir à Amiens après la journée de Pont-Noyelles, elle n'avait pas l'attitude d'une armée victorieuse, au contraire. Soldats et officiers semblaient, je ne dirai pas consternés, tout ou moins stupéfaits de n'avoir pu déloger les Français de leurs positions. Mais depuis qu'ils étaient repartis le samedi matin pour continuer le combat, que s'était-il passé ? Nous l'ignorions absolument. Les quelques coups de canon que nous avions entendus dans la matinée du samedi, ceux que quelques-uns disaient avoir aussi entendus le dimanche matin indiquaient-ils un combat avec l'arrière-garde de l'armée française battant en retraite vers Arras ? Peut-être alors qu'Albert avait été le théâtre d'une lutte, et dans ce cas n'était-il rien arrivé à ma fille ou à son mari ?

Si une portion assez considérable des troupes de Manteuffel, peut-être le gros de l'armée, se trouvait encore à Albert, c'est-à-dire à 4 lieues de Pont-Noyelles, si les Prussiens n'avaient, depuis le samedi, avancé que de 4 lieues, en trois jours, je me disais que sans doute l'armée française leur tenait tête. Alors il était possible qu'elle revînt à la charge, qu'elle recommençât la lutte, et que le combat s'engageât à Albert même.

Un violent désir s'empara de moi ; je brûlais de revoir ma fille. Une occasion se présentait de faire un voyage que je n'aurais pu songer à entreprendre sans cela, puisque nous étions claquemurés dans Amiens. Je pouvais sans inconvénient quitter la Mairie où nous avions maintenant des loisirs. A l'instant ma résolution fut prise ; je donnai les ordres nécessaires pour que les voitures demandées fussent réunies à une heure dans la rue des Jacobins. Et je courus à la Commandanture.

C'était le lieutenant Drogant qui était de service en ce moment au bureau de la place. Nos relations forcées nous mettaient chaque jour en contact; contact qui n'avait assurément rien d'agréable, surtout avec lui. C'était un petit homme, d'une trentaine d'années, décoré, sec, raide, pointilleux, d'une politesse exacte et très arrogante. Je lui fis part de mon vif désir d'aller embrasser ma fille, et de mon intention de profiter pour cela de la calèche destinée aux deux officiers, pourvu toutefois qu'il n'y trouvât d'abord aucun inconvénient au point de vue des intérêts prussiens, et ensuite qu'il me donnât l'assurance que ces officiers étaient des gens bien élevés ; je ne voulais ni leur imposer ma compagnie si elle pouvait les gêner, ni subir la leur si elle devait m'être désagréable.

Drogant me répondit sur le premier point qu'il n'y avait aucun motif de m'empêcher de faire ce voyage : cela fut dit d'un air tout à fait triomphant. Il était évidemment satisfait d'avoir ainsi l'occasion de me faire savoir que les choses allaient fort bien pour l'armée prussienne. Car il ne m'aurait pas laissé partir si j'avais dû rapporter d'Albert, je ne dirai pas des renseignements, mais même des impressions défavorables au succès des armes allemandes.

Sur le second point il savait bien ce que je voulais lui dire. Peu de temps auparavant, un soir, pendant que je travaillais avec lui à la Mairie, l'officier qui commandait le poste de l'Hôtel de Ville était venu nous trouver, la pipe à la bouche, manifestement ivre, crachant partout, et nous importunant de sa dégoûtante présence plus encore que de ses demandes de charbon ou de chandelle. J'avais demandé à Drogant de nous débarrasser de ce vilain personnage, qui n'était seulement pas en état d'expliquer clairement ce qu'il voulait. Je le lui avais même demandé en français, pour ménager les oreilles de cet ivrogne qui n'entendait point notre langue. Drogant, dont l'orgueil national était cruellement froissé de la conduite ignoble d'un officier prussien dans la salle d'administration de la Mairie, en présence de plusieurs conseillers municipaux, s'était obstinément refusé à reconnaître que cet individu manquât en quoi que ce soit aux convenances, et il nous avait fallu subir jusqu'au bout une humiliation qui, j'en suis certain, était plus pénible à Drogant qu'à nous-mêmes. Je le voyais à la contraction de sa lèvre mince.

La question que j'avais posée au sujet de mes futurs compagnons de route lui était donc singulièrement désagréable : il me répondit de son ton le plus sec que je pouvais être tranquille. Il connaissait les officiers ; ils étaient parfaitement convenables, « *anstændig* ».

Je fis mes dispositions de départ, tant à la Mairie que chez moi, et à une heure précise je me rendis à la Commandanture, c'est-à-dire à l'hôtel de la Gendarmerie, rue des Jacobins: car c'est là qu'étaient installés les bureaux du commandant de place. J'étais le premier au rendez-vous. Je me trompe ; il y avait déjà dans la rue, aligné en bon ordre, faisant face à la rue Allart, le détachement de deux ou trois cents hommes pour lequel on avait réquisitionné les charrettes. Mais de charrettes point, de calèche pas davantage ; point d'officiers non plus. Drogant m'installa auprès du feu dans la première salle en entrant à gauche, qui servait de vestibule, et m'y laissa pour aller à son travail.

Je demeurai là fort longtemps, sans autre distraction que la vue des allants et venants, soldats, ordonnances, officiers, que leurs affaires appelaient dans les bureaux et qui s'étonnaient de trouver là un Français établi comme chez lui. Ennuyé de cette trop longue attente, je dépêchai un planton à la Mairie, avec un mot pour le bureau des réquisitions de voitures, afin qu'on hâtât l'éxécution de mes ordres. Je constatais ainsi, par expérience personnelle, que notre service de réquisitions laissait beaucoup à désirer, et que les Prussiens avaient quelque raison de s'en plaindre comme ils le faisaient souvent. Il est vrai que, pour le prix qu'ils payaient, ils étaient toujours trop bien servis. Néanmoins je ne pus m'empêcher de reconnaître leur patience.

Mais ce que j'admirai, c'est la conduite du détachement qui stationnait dans la rue. De temps en temps j'allais à la fenêtre regarder ces pauvres gens qui attendaient comme moi le moment du départ, mais exposés au froid qui était vif, au vent qui soufflait avec violence, à la neige qui tombait par rafales. Ils restaient là, immobiles, l'arme au pied, parfaitement alignés comme à la parade. On ne les entendait point proférer de plaintes, pas même murmurer. Pas un ne quittait le rang pour aller se réconforter au cabaret. Il n'y avait pas d'officiers cependant. Les sous-officiers seuls suffisaient à maintenir cette discipline étonnante. Je n'oublierai de ma vie ce spectacle de l'obéissance passive la plus absolue, ces deux longues heures d'attente, cette rue déserte, cette neige, cette troupe impassible.

La discipline est sévère, impitoyable même chez les Allemands, mais ses rigueurs terribles ne suffisent pas à expliquer le résultat que je constatais. C'était surtout un trait du caractère allemand : il est naturellement docile. J'ai vu plus d'une fois, en Allemagne ou en Suisse, des enfants sortir de l'école : cela ne ressemble en rien à ce que nous sommes habitués à voir chez nous. Nos écoliers, une fois la bride lâchée, se précipitent, se bousculent, s'interpellent, se font des niches, se jettent des pierres, poussent des cris, font un vacarme étourdissant qui emplit toute la rue. Les écoliers allemands sortent tranquillement, par petits groupes, causant entr'eux, riant aussi, plaisantant aussi, mais paisiblement, sans tapage. On peut passer dans la rue voisine sans se douter de leur présence. Ils n'ont point le sang bouillant des nôtres, leur vivacité, leur turbulence. Quoi d'étonnant que ces petits bonshommes qu'on voit ainsi s'en aller paisiblement chez eux avec leur sac d'écolier au dos, lorsque plus tard, devenus grands, ils portent le sac du soldat, soient calmes, obéissants, patients, résignés à tout. On peut les mettre à un poste en leur disant : restez là et ne bougez. Ils restent et ne bougent pas, malgré le vent, malgré la neige.

Nous ne pourrions obtenir cela de nos soldats. Mais, s'ils n'ont pas certaines qualités militaires des Allemands, ils en ont d'autres ; et somme toute, chauvinisme à part, je crois qu'ils valent mieux.

Pendant que je philosophais ainsi, le temps s'écoulait. Il était près de trois heures quand les voitures arrivèrent, et presque immédiatement après trois officiers; ce qui me fit supposer que ces Messieurs avaient attendu dans quelque restaurant qu'on vînt les prévenir quand tout serait prêt pour le départ. M. Drogant fit les présentations.
— M. le capitaine Kühn, du 68ᵉ. — M. le lieutenant Bock. — M. Bahn, du même régiment. — M. Daussy, conseiller municipal. — Nous nous saluâmes très cérémonieusement et allâmes prendre possession de notre calèche. Je laissai monter MM. Bock et Bahn qui s'installèrent aux places du fond. J'invitais M. Kühn à monter aussi en voiture. *Nein, ich reite.* Non pas, je vais à cheval. Je ne suis pas malade ; il faut que je conduise mes hommes. Nous allons coucher ce soir à Corbie : demain je vous retrouverai à Albert. Et en effet on lui amena son cheval. Les capitaines d'infanterie prussienne étaient montés, comme le sont aujourd'hui les nôtres. Un soldat, le domestique de M.

Bock, prit place sur le siège à coté de notre cocher et nous partîmes, abandonnant à son malheureux sort M. Kühn, qui était déja tout blanc de neige.

Les premiers moments du voyage furent silencieux : de part et d'autre nous nous observions. Drogant avait certainement expliqué à mes compagnons qui j'étais et pourquoi je me rendais à Albert ; il leur avait sans doute assuré que j'étais aussi *anstændig* qu'ils pouvaient l'ètre. Cependant ils se tenaient sur la réserve et ne se parlaient même pas. Les quelques paroles banales que nous avions échangées au moment de monter en voiture leur avaient appris que l'allemand m'était familier. C'était un avantage, parce que cela me plaçait de suite à leurs yeux dans la catégorie des personnes qui ont reçu une éducation distinguée, mais c'était un inconvénient puisqu'ils ne pouvaient faire conversation à part.

Pour les gêner le moins possible je portais mon attention au dehors. Je regardais, en passant devant la citadelle, se profiler sur le ciel gris la silhouette du factionnaire qui montait la garde sur le talus. Ce soldat avec son casque à pointe, son fusil sur l'épaule, son noir manteau taché de blanc, était pour moi le symbole de l'oppression dont je gémissais.

J'avais conçu, du reste, une véritable horreur pour la citadelle qui, impuissante à défendre la ville, n'avait servi, comme elle ne pouvait servir, qu'à la tenir sous le joug de l'ennemi. J'y voyais flotter ce drapeau noir et blanc qui me faisait mal à voir. Sous l'impression de pareils sentiments, je n'étais guère disposé à lier conversation.

Je remarquais au faubourg St-Pierre que le premier poste, presqu'en face de l'église, avait été supprimé. Il n'y en avait plus qu'un, tout à fait à l'extrémité du faubourg, dans la dernière maison à droite. Cela me confirmait dans l'opinion que la ville était presque complètement dégarnie de troupes et gardée par le nombre d'hommes strictement nécessaire.

Par une bizarrerie du hazard c'étaient des soldats du 43e prussien qui formaient la garnison d'Amiens. Un mois auparavant, jour pour jour, le 27 Novembre, c'était le 43e français qui occupait la citadelle.

Le factionnaire nous laissa passer sans rien dire : la présence de l'ordonnance de M. Bock sur le siége, auprès du cocher, lui indiquait que les voyageurs étaient des Prussiens. Du reste les consignes étaient moins sévères ; je l'avais appris à la Commandanture. Mais, malgré ce relâchement des rigueurs précédentes, je doute que Drogant m'eût donné la permission de sortir d'Amiens s'il n'eut été certain, par les conditions mêmes où je voyageais, que je ne pouvais aller ni ailleurs ni plus loin qu'Albert.

Je n'ai pas besoin de dire que la route était absolument déserte. Pas un être vivant n'animait la plaine blanchie ; nul bruit, que le cri de quelques bandes de corbeaux qui passaient à tire d'aile.

Nous avancions péniblement ; les chevaux glissaient ; à certains endroits, notamment dans le bois de Querrieu, la neige, qui avait alors cessé de tomber, s'était amassée ; la couche était épaisse ; il fallait s'y frayer une voie, puisque c'étaient les roues de notre voiture qui y traçaient le premier sillon.

En approchant de Querrieu je vis à droite, auprès du moulin qui domine la vallée, quelques vestiges de la bataille du vendredi : des débris de voitures, de caissons ; des morceaux d'affût ; de la paille ; tout cela presque enseveli sous la neige. C'était là que, pendant une partie de la journée du 23, s'était tenu le général von Gœben, commandant du 8ᵉ corps, et que le général en chef, Manteuffel, était venu le rejoindre à la fin de l'après-midi. C'était là qu'avait été établie une batterie prussienne : elle avait beaucoup souffert du feu de notre artillerie qui, placée sur les côteaux bien plus élevés de la rive gauche de l'Hallue, l'accablait de ses obus. Quelques croix de bois émergeant de la plaine, de chaque côté de la route, marquaient les tombes où avaient été déposés provisoirement les cadavres auxquels on a donné plus tard, dans le cimetière voisin, une sépulture plus convenable. J'ai logé dans les premiers jours de Janvier le camarade d'un officier du 8ᵉ d'artillerie, nommé Protze, qui était enterré là, à gauche de la route, près d'une haie. D'innombrables corbeaux cherchaient leur pâture parmi les débris et la paille. Toutes ces taches noires fourmillant sur la neige, dans le crépuscule du soir, avaient un caractère sinistre. Cela me faisait encore penser au drapeau noir et blanc des Prussiens, à ce drapeau abhorré.

Aussitôt après nous descendions dans Querrieu. La seconde maison à gauche, grande et belle maison, était horriblement dévastée. Les obus français, dirigés contre la batterie du moulin, mais n'atteignant pas le but, y avaient mis le feu. Éventrée, déchirée, en grande partie écroulée, elle était à elle seule une image des horreurs de la guerre.

Nous fîmes halte à un cabaret : les chevaux étaient très fatigués : nous avions tous besoin de nous réconforter. Ce voyage avait été long et il était évident que, dans l'état de la route, nous arriverions tard au gîte.

Pas de lumière au cabaret : le cocher appelle, personne ne vient ouvrir : il descend, il frappe à la porte ; personne. Le soldat de M. Bock, Allrath, (1) descend aussi, crie, donne des coups de crosse dans la porte. Personne. Tous deux vont à une autre maison, recommencent ; personne. Le village semblait mort. Nulle part trace d'être vivant. Nous regardions si on voyait sortir de quelque cheminée une fumée révélant la présence de l'homme dans ces habitations désertes. Rien. Ni lumière ni feu. On eût dit que l'ange exterminateur avait passé par là. Ce n'était pourtant que le démon de la peur. Car assurément tous les habitants de Querrieu n'avaient point quitté leur maison. J'en connais qui y étaient restés même pendant la bataille, cachés dans leurs caves. D'autres, ayant fui dans les villages voisins aux premiers coups de feu, dès qu'ils avaient appris que l'ennemi avait abandonné Querrieu, avaient eu le courage de revenir chez eux, poussés par le violent amour que l'homme a pour sa demeure. Mais tous, et surtout ceux qui étaient restés pendant le combat, étaient demeurés depuis lors comme frappés de stupeur. Ils n'osaient plus remuer, ils n'osaient plus vivre. La seule vue du fusil d'Allrath eût suffi à les faire rentrer sous terre. En vain notre cocher parlait français, criait en français, jurait et sacrait comme le plus français des cochers, personne ne voulait se montrer. Lorsqu'il vint nous rendre compte de l'insuccès de ses tentatives, M. Bock, furieux, parlait d'enfoncer quelque part une porte et de prendre de force de quoi boire et manger. M. Bahn opina contre cette résolution violente. Je fis observer qu'elle n'aboutirait sans

---

(1) Un nom prédestiné pour un domestique : on pourrait le traduire par Jean-fait-tout.

doute à rien. — On s'est battu ici il y a trois jours. Les habitants, qui ont subi l'occupation des Prussiens après celle des Français, doivent être dénués de tout. Ils ne font pas de feu, c'est apparemment qu'ils n'ont rien à cuire pour leur souper. Qui sait s'ils ont même du pain? Nous allons arriver un peu plus loin à la Houssoye, un autre village. Je ne crois pas qu'on s'y soit battu. Nous aurons la chance d'y trouver peut être ce qu'il nous faut. — M. Bock renonça à son idée. Allrath et le cocher remontèrent sur le siège et nous continuâmes notre route.

Cet incident avait rompu la glace entre nous. La sociabilité est une des grandes qualités de l'homme. Quand il se trouve avec ses semblables en communauté de situation et de besoins, il est invinciblement porté à leur communiquer ses idées et ses sentiments. La contrainte que nous nous étions imposée réciproquement jusqu'alors disparut peu à peu. Mes compagnons avaient respecté mon silence et n'avaient même pas causé entr'eux. Mais à partir de ce moment où nous avions délibéré ensemble sur un intérêt commun, le lien avait été formé. Tout en demeurant ennemis nous étions compagnons de route. Dès lors les langues se délièrent et la conversation s'établit.

Quoiqu'il fît presque noir lorsque nous entrâmes dans Pont-Noyelles on pouvait voir, au tournant de la route, un pâté de maisons qui avaient énormément souffert de la bataille. L'incendie les avait dévorées en grande partie. Ce n'était plus qu'un tas de décombres d'où s'échappait encore de la fumée. Je ne pus voir ce soir là les traces des balles qui sillonnaient les murs de cette partie du village ; c'est le lendemain, à mon retour, que je constatai, presque sur chaque maison, les marques du combat violent dont les rues de Pont-Noyelles avaient été le théâtre. Abandonné par les Français, occupé par l'ennemi, repris par nos soldats, enlevé par les Prussiens, le malheureux village était comme labouré de cicatrices. On pouvait lire, sur les murs en torchis, les coups de la fusillade dont le crépitement avait fait résonner les vitres de la cathédrale le vendredi, vers 5 heures, quand les soldats de Faidherbe arrachaient le village à l'ennemi.

Les restes des incendies nous amenèrent naturellement à parler de cette journée de Pont-Noyelles. M. Bahn y avait été blessé, mais ce n'était pas dans le village que nous traversions, c'était à Fréchencourt, au moment où son régiment, qui appartenait à la 30e brigade (Strubberg), essayait de déboucher au delà de l'Hallue et d'aborder les hauteurs couronnées par notre artillerie. Il avait reçu à l'épaule droite un éclat d'obus, qui n'avait d'ailleurs occasionné qu'une forte contusion. Il en souffrait encore. Aussi plus d'une fois, pendant la route, comme il gardait le silence, son camarade, beaucoup plus causeur, lui demanda-t-il. Est-ce que tu souffres, mon cher Bahn ? Tu ne nous dis rien. Il était effectivement encore assez mal à l'aise. Mais au surplus il parlait naturellement fort peu.

C'était un gros et grand Poméranien, bâti en hercule, médiocrement intelligent ; capable de faire son service avec exactitude, d'accomplir même bravement son devoir, mais sans enthousiasme. Celui-là n'avait certainement pas le feu sacré. Ce gros garçon là, disait M. Böck, il n'aime que la bière ; que voulez-vous qu'on en fasse ? Il connaît le métier, il le fait bien, mais il ne faut pas le sortir de là. M. Bahn devait être peu flatté de cette appréciation, car elle renfermait une allusion manifeste à une de ces devises philosophiques dont les Allemands se plaisent à enguirlander les murs de leurs restaurants et cabarets :

> Wer nicht liebt Wein, Weib, und Gesang,
> Der ist ein Narr sein Leben lang.
>
> Qui n'aime pas le vin, les femmes, les chansons,
> Toute sa vie ne sera qu'un sot.

Mais M. Bahn, ayant le caractère bien fait, se contentait de répondre avec un gros rire : Que voulez-vous ? Si je fais mon devoir, on n'a rien autre chose à me demander.

La côte est longue pour monter de Pont-Noyelles à la Houssoye. Avant d'arriver au sommet j'avais pu constater, en continuant notre conversation au sujet de la blessure de M. Bahn et des hasards de la guerre, une chose que j'étais fort loin de soupçonner : c'est que mes compagnons n'étaient pas du tout rassurés, et qu'à partir du moment où la nuit était venue et où par suite on ne pouvait plus voir qu'il y avait un Français dans la voiture, leur inquiétude ne prenait plus la peine de se dissimuler. Le croirait-on ? Ces deux officiers, qui n'étaient point des novices, ils avaient tous deux passé la trentaine, qui avaient déjà fait la campagne de 1866, qui depuis cinq mois faisaient la guerre en France, qui avaient assisté aux terribles batailles de Mars la Tour et de Gravelotte, qui avaient pris part au siège de Metz, qui cent fois avaient affronté la mort, ces deux braves soldats avaient peur. Leur esprit était hanté par la crainte des francs-tireurs.

Les hommes sont ainsi faits. Quand leur imagination est possédée de quelque fantôme, ils en sont plus effrayés que par la réalité du plus terrible danger. Les espions prussiens pour les Français et les francs-tireurs pour les Prussiens étaient des épouvantails qui troublaient les plus fermes courages. Dans les grandes commotions morales, comme celle que cause la guerre, il se produit de ces sortes de folies qui sont éminemment contagieuses et qui, par la contagion même, grandissent dans des proportions inconcevables.

Chez nous on avait la manie de l'espion ; on en voyait partout ; nombre de gens fort honorables ont failli être fusillés sous l'accusation d'espionnage. Certainement les Prussiens avaient des espions : on en a toujours quand on fait la guerre ; nous en avions aussi. Mais le mal qu'ont pu nous faire ceux de l'ennemi n'est rien en comparaison du tort que nous a causé cette crainte insensée de l'espionnage. Car elle obscurcissait les esprits, avilissait les âmes et abattait les courages.

Chez les Prussiens la peur des francs-tireurs existait de même à l'état de manie endémique. J'en avais déjà fait la remarque, et c'était ce qui m'expliquait certains actes féroces ; car la peur rend absurdement cruel. Je constatais une fois de plus cette manie. C'était moi, pacifique bourgeois, qui m'efforçais de démontrer à ces gens de guerre que si nous courions quelques dangers dans ce voyage de nuit sur une route déserte, la chance en était si petite que ce n'était pas la peine d'y arrêter son esprit. Qu'il y ait des francs-tireurs, leur disais-je, cela ne fait pas de doute ; mais il n'y en a pas partout et toujours. J'avoue que si, par hasard, il s'en trouvait sur notre route, l'occasion serait belle pour eux. Depuis que nous avons quitté Amiens nous n'avons rencontré âme qui vive, pas la moindre patrouille prussienne. Par conséquent ils pourraient sans danger tirer sur la voiture. Allrath, avec son fusil, est là sur le siège en guise d'enseigne pour indiquer qu'elle transporte des Prussiens : du reste, on sait bien qu'il ne peut y avoir de Français qui voyagent sur cette route. J'admets donc parfaitement que, s'il y a d'ici à Albert des francs-tireurs, nous recevrons des balles. La chance existe, je la cours comme vous, mais vous voyez que je n'en suis nullement ému. Songez que nous sommes loin de l'armée française dont les francs-tireurs sont les éclaireurs. Entre elle et nous il y a l'armée prussienne sur les derrières de laquelle nous nous trouvons. Il faudrait qu'un chef de francs-tireurs fût bien hardi pour venir risquer un coup de main par ici. Cela n'est pas impossible, mais trois jours après la bataille de Pont-Noyelles, c'est invraisemblable.

— Il ne s'agit pas de corps d'éclaireurs, répondait M. Bock ; les francs-tireurs ne sont pas des soldats.

— C'est ce qui vous trompe : ce sont parfaitement bien des soldats ; ils ont leurs chefs et sont sous les ordres du commandant de l'armée française.

— Mais ceux qui sont isolés, qui viennent vous attendre au coin d'une haie, vous lâchent un coup de fusil et se sauvent ?

— De ceux là, en avez-vous déjà vu ? Pourriez-vous me citer un autre exemple, du moins dans ce pays, que celui de ce franc-tireur dont le coup de fusil, qui n'a blessé personne, a occasionné l'incendie de la ferme du maire de la Vicogne. Vos troupes ont ainsi puni de la façon la plus cruelle ce maire qui était parfaitement innocent.

— Mais les paysans, qui ont l'air de se soumettre tant que nos troupe occupents leur village, se changent en francs-tireurs dès qu'elles sont parties et guettent un homme isolé pour le tirer au passage.

— Encore une erreur. Vous pensez que nos paysans chercheraient, en tirant sur vous, à se venger des mauvais traitements dont ils auraient été l'objet ces jours derniers ? Vous n'avez donc pas vu tout à l'heure dans quel état de consternation sont ces pauvres habitants de Querrieu, dont pas un n'ose bouger. Songez à ce froid rigoureux, à cette triste nuit d'hiver, et demandez-vous s'il y a grande chance de rencontrer d'ici à Albert un homme assez déterminé pour faire le guet par un temps pareil en attendant qu'un Prussien vienne s'offrir à ses coups.

J'avais beau faire, je ne parvenais pas à les rassurer. Ils regardaient, à droite, à gauche, cherchant à voir, dans la nuit que la neige empêchait d'être tout à fait noire, s'ils ne s'agitait point quelque chose dans les fossés ou à la crête des talus. Rien ne bougeait. On n'entendait que le bruissement de la neige gelée qui s'écrasait sous les roues.

Enfin nous arrivâmes à La Houssoye. Même aspect morne qu'à Querrieu et Pont-Noyelles. Cependant nous avisâmes un homme dans la rue; le cocher le héla, et lui demanda où il pourrait trouver une auberge. C'était un pauvre mendiant, tout cassé, dont j'entrevis la figure décrépite qu'éclairait la lanterne de notre voiture. — Mais, au lieu de répondre, il commença une interminable jérémiade sur l'état de désolation de son village ravagé par la présence de l'armée française avant et pendant la bataille, ravagé ensuite par le passage de l'armée prussienne. Ouvrant la portière, j'intervins et appelai l'homme. — Vous nous raconterez cela plus tard, mon brave ; tenez, voilà pour vous; nous avons faim et soif, dites-nous où nous trouverons ce qu'il nous faut :

Vous voyez que je suis Français, faites cela pour moi. — Vous ne trouverez pas un morceau de pain, répondit-il, et les lamentations de recommencer. M. Bock, qui n'entendait certes point le patois dont se servait le vieillard, à peine savait-il un peu de français, comprenait, à son ton plaintif, le sens de ces doléances.

Il s'écria ironiquement : « oui, malher ! malher ! C'est la guerre. » Paroles qu'il ne prononçait assurément pas pour la première fois. Elles étaient, on peut le dire, à l'ordre du jour dans l'armée allemande. Beaucoup de Prussiens ne savaient de français que ces quelques mots. C'était leur *væ victis*. Je lui fis observer que la plainte était au moins permise à de pauvres gens plongés dans une détresse si grande que lui-même en était la victime, puisqu'il souffrait de la faim et ne savait pas s'il trouverait à la satisfaire. Ne pouvant rien tirer du vieux mendiant je dis au cocher d'avancer.

Ce fut seulement vers l'extrémité du village que nous rencontrâmes, sur notre gauche, une maison où il y avait de la lumière, un cabaret ; nous entrâmes dans la grande pièce qu'on appelle la maison; deux hommes s'y tenaient près d'un maigre feu de tourbes. Je demandai à celui qui était le maître du logis, un grand gaillard, robuste encore quoiqu'il ne fût plus jeune, de nous procurer quelque chose à manger et à boire, n'importe quoi. « Ni pour or ni pour argent, me répondit-il. Nous n'avons rien, absolument rien, nous avons été épuisés de tout. Ceux qui ont mangé du pain aujourd'hui à la Houssoye, on les compterait ! » Et il ne s'agissait plus cette fois d'un pauvre mendiant, habitué pour ainsi dire par état à se plaindre. C'était évidemment l'exacte vérité que nous disait cet homme, à la parole sobre aux réponses précises duquel il fallait évidemment ajouter foi. M. Bock lui-même dut se résigner, et non seulement il ne parla plus de se faire donner par force ce qu'il lui fallait, mais il s'abstint de toute parole désagréable. Du reste, l'air de consternation qui se lisait sur le visage du cabaretier et de son compagnon était plus éloquent encore que ses paroles. Il apporta la seule chose qu'il pût offrir, une espèce de cidre détestable, trouble, répugnant à voir, auquel je refusai de toucher. Moins délicats ou plus altérés, mes compagnons en burent un verre, ainsi qu'Allrath et le cocher. Et après nous être un peu réchauffés auprès du foyer, nous remontâmes en voiture.

Le cabaretier nous avait appris qu'il y avait à la Houssoye 4 ou 5 dragons prussiens placés là pour faire le service de correspondance entre Amiens et Albert. Nous n'avions vu aucun de ces cavaliers ; à cette heure, et par cette nuit d'hiver ils dormaient sans doute. Nous avions pu traverser le village sans qu'ils s'en doutassent. Des francs-tireurs auraient pu faire comme nous.

La conversation avait repris sur ce sujet. Je m'expliquai après la guerre, mieux que je ne pouvais le faire alors, cette peur incroyable des Allemands. Je vis en effet dans les ouvrages des officiers prussiens des ordres du jour où on leur disait que nos paysans, qui regardaient passer les troupes de l'air le plus inoffensif du monde, se changeaient ensuite en francs-tireurs pour détruire les soldats isolés ou voyageant en petits groupes. Ce n'était assurément point la vérité. Et la preuve c'est que les quelques dragons dont j'ai parlé pouvaient dormir paisiblement à la Houssoye sans qu'aucun habitant songeât à leur faire le moindre mal. Ce qu'avaient fait autrefois les paysans d'Espagne ne pouvait être recommencé dans notre contrée du Nord, toute différente, non-seulement par le caractère des habitants, mais par la nature d'un pays de plaine, impropre aux embuscades et aux surprises. L'état-major prussien s'était trompé dans ses appréciations, ou avait peut-être voulu, en exagérant certains faits sans importance, surexciter la vigilance des officiers : en tout cas il avait amené ce résultat de leur inspirer une folle terreur à l'endroit des francs-tireurs.

Après tout, dit en terminant M. Bock, vive le danger ! *die Gefahr est erwünscht.*

Je crois qu'il était légèrement gascon, M. Bock. Du reste, sous plus d'un rapport il ressemblait à nos méridionaux. Il avait les yeux, les cheveux et la barbe du noir le plus franc, et il était vif comme la poudre.

Profitant de ses dispositions à la vantardise je lui fis raconter ses aventures. Il ne demandait pas mieux, prétendant qu'avec ses lunettes, car il était myope, il avait vu des choses que peu d'autres avaient vues. *Die kaum ein anderer gesehen.* Ceci était encore une pure gasconnade, car il ne me raconta après tout qu'une existence de militaire qui ressemblait à celle de beaucoup d'autres. Il avait fait le siège de Metz; c'était là qu'il avait gagné, dans les longues nuits pluvieuses d'Octobre, des rhumatismes qui le faisaient souffrir parfois au point de le forcer à interrompre son service. Ainsi il venait de quitter l'ambulance de Rouen où il avait dû rester au lit pendant huit jours. Le récit qu'il fit des batailles des 16 et 18 Août et des combats du siège m'intéressa à cause des appréciations militaires dont il l'accompagnait. Ce lieutenant n'était pas le premier venu. Il entendait les choses de la guerre.

Je le faisais parler d'autant plus volontiers qu'il avait une prononciation admirable ; il accentuait et nuançait chaque mot dans la perfection. Je n'ai jamais entendu prononcer ainsi l'allemand. Il appartenait à la noblesse, comme la grande majorité des officiers prussiens ; son nom était Bock von Wülfingen ; mais la pureté de sa prononciation n'était pas seulement le résultat d'une éducation soignée ; c'était un don de la nature.

De tout ce qu'il me dit une seule chose mérite d'être notée, c'est qu'il était Hanovrien et que, quatre ans auparavant, il s'était battu contre les Prussiens. Il avait pris part au combat de Langensalza, le 26 Juin 1866, comme lieutenant dans l'armée Hanovrienne qui fut obligée le lendemain de capituler, se trouvant prise entre le corps du duc de Gotha et celui de Manteuffel. Par suite de l'annexion du Hanovre, il était entré avec son grade dans l'armée prussienne, et servait maintenant sous les ordres de ce même Manteuffel. Cet annexé n'était pas le moins Prussien de l'armée allemande. Il avait toute l'arrogance, toute la dureté des plus arrogants et des plus durs de nos vainqueurs. Tous leurs préjugés il les avait épousés ; tous leurs procédés, même les plus barbares, il les approuvait, et les pratiquait. Aussi je restais avec lui très fermement sur le pied d'un ennemi déclaré ; et, tout en observant les lois de la politesse, je lui manifestais avec énergie des sentiments absolument contraires aux siens.

C'est ainsi que nous entrâmes en chaude discussion au sujet de ce procédé des Prussiens qui, pour protéger leurs trains, faisaient monter à côté du mécanicien un inoffensif citoyen français, pensant que les francs-tireurs s'abstiendraient d'attaquer le train pour ne pas faire périr un de leurs compatriotes. Il trouvait cela tout à fait conforme aux lois de la guerre. Et moi tout à fait abominable. C'est aussi contraire au droit des gens, lui disais-je, et tout aussi brave que de s'abriter derrière un bouclier de femmes et d'enfants pris à l'ennemi. Je n'avais point du reste la prétention de le convaincre ; je savais qu'il était le plus endurci de ces barbares ; mais je ne pouvais m'empêcher de protester contre des procédés indigne d'un peuple civilisé.

J'avais eu déjà plus d'une fois occasion de m'expliquer sur ce sujet, et d'autres analogues, avec quelques uns de nos vainqueurs, et je n'ai pas besoin de dire que ce n'est pas la conduite des Prussiens au siége de Péronne qui m'a fait changer de sentiment. Mais j'ignorais alors, et. que ce siège dût commencer le lendemain, et qu'il dût commencer par des obus lancés sur le drapeau d'ambulance de l'hôpital.

Le temps s'était éclairci ; la lune, se levant, avait chassé les nuages et brillait maintenant dans un ciel absolument pur. La nuit était admirable. Tout en causant avec animation, nous avions laissé passer le temps et le chemin ne nous avait pas paru trop long. Je souffrais moins du froid que mes compagnons parce que j'avais eu soin de me munir d'une chauffrette ; mais je commençais à sentir vivement la faim. Heureusement, comme je connaissais parfaitement la route, je voyais que nous approchions du but, et que nous arrivions à la dernière de cette série de montées et de descentes qui alternent sans cesse depuis La Houssoye jusqu'à Albert.

Au sommet de la dernière côte, près du moulin, brillait la bayonnette d'une sentinelle prussienne. Le poste était dans le cabaret voisin, près du pont du chemin de fer qui passe là en tranchée. La voiture s'arrêta et mes compagnons s'abouchèrent avec le chef de poste. Ils apprirent que la ville était bondée de troupes et qu'ils auraient peine à se loger. Du reste tout était tranquille ; on n'était pas sur le qui vive. *Es war nicht allarmirt.*

Un peu plus bas, sur le versant de la côte, les canons d'une batterie occupaient le bas-coté gauche de la route.

Nous entrâmes dans la ville où je remarquai grande animation dans la rue, mais pas un Français. Il n'y avait qu'Allemands qui allaient et venaient.

A l'hôtel de la Poste, où était la Commandanture, mes compagnons descendirent. Mais peu après, ils revinrent me dire qu'ils ne trouveraient pas à se loger. L'hôtel de la Poste ne pouvait plus recevoir personne. Les autres hôtels étaient tout aussi pleins et les habitants surchargés de soldats. La Mairie ne s'occupait point du logement. C'était l'autorité allemande qui le faisait à sa guise. Mais l'autorité allemande ne se souciait pas de leur chercher un gîte à cette heure de la nuit. Ils me demandèrent donc si je ne pourrais pas leur donner un abri.

— Je n'en sais absolument rien. D'après ce que vous me dites de l'encombrement qu'il y a ici, il est fort probable que ma maison sera pourvue d'une garnison complète, et je me demande s'il y aura chez moi un lit pour moi. Enfin nous pouvons essayer. Mon habitation est à l'extrémité du pays vers Bapaume ; allons y. S'il n'y a pas de place, la voiture vous ramènera en ville.

On voyait clair comme en plein jour. Des chariots, des voitures encombraient la place de l'Hôtel de Ville ; quelques soldats circulaient. La neige, foulée, piétinée par les hommes et les chevaux, mélangée à de la paille, à toutes sortes de choses informes, donnait aux rues de la ville l'aspect le plus immonde que je leur aie jamais vu. Les quelques taches blanches qui éclataient sur la saleté la rendaient encore plus repoussante.

Devant la porte de l'église, deux factionnaires. On m'apprit ensuite qu'ils gardaient des prisonniers français enfermés dans l'église. Les malheureux ! Comme ils devaient souffrir du froid par cette nuit d'hiver, dans cette église où ils n'avaient pour se coucher qu'un peu de paille étendue sur la dalle.

Des lumières brillant çà et là, d'une clarté qui semblait rougeâtre à cause du splendide clair de lune, indiquaient que tout le monde ne dormait pas encore à Albert. J'assurai en passant rue de Bapaume le logement du cocher et de ses chevaux. L'auberge était pleine de mouvement et de bruit. Du reste rien que des Prussiens. C'était partout le tableau de l'occupation complète, absorbante, écrasante, qui supprime les habitants et d'une ville ne fait plus autre chose qu'un camp.

Le poste, à la sortie de la ville vers Bapaume, nous laissa passer sans rien dire. Allrath, sur le siège, était un passeport vivant. A quelques pas plus loin nous descendions devant ma grille.

Je vis de la lumière dans l'habitation, je sonnai et j'appelai. Quelqu'un sortit que je ne pouvais reconnaître, car il était dans l'ombre de la maison. C'était Boulanger, mon gendre. Il n'était pas rassuré du tout en entendant parler allemand ; les sabres de mes compagnons qui descendaient de voiture résonnaient dans le silence de la nuit: nous étions d'ailleurs en pleine lumière et il voyait les casques à pointe. A pareille heure, une visite des Allemands n'annonçait rien de bon. Resté sur le perron, il voulut parlementer. « C'est moi, Gustave, lui criai-je ; je l'avais reconnu à la voix. Viens nous ouvrir. » Et il accourut, tout en se demandant comment je pouvais me trouver là ; s'il attendait quelqu'un, ce n'était assurément pas son beau-père. En quelques mots il fut mis au courant de la situation ; j'avais soin de ne lui parler qu'en allemand pour écarter tout soupçon dans l'esprit de mes compagnons de route. Quelques instants après j'avais le bonheur d'embrasser ma chère fille. Le but de mon voyage était atteint.

On nous prépara bien vite à souper. Pendant que nous dévorions, plutôt que nous ne mangions, mon gendre me raconta que les Français avaient quitté Albert le dimanche matin et que les Allemands y étaient arrivés le soir. Depuis lors l'armée Prussienne continuait à défiler, marchant vers Bapaume. Il était donc très probable qu'il n'y aurait pas de combat à Albert ; en tout cas nous pouvions cette nuit dormir tranquilles.

Nous avions d'ailleurs largement de quoi nous loger, car il n'y avait pas un seul Prussien à la maison, quoique la ville regorgeât de troupes.

C'est que ma maison était isolée, à quelques centaines de mètres de l'extrémité du Faubourg de Bapaume. Cela n'avait pas empêché les Français de l'occuper, et trois nuits auparavant elle avait abrité le général Paulze d'Ivoy avec son état-major, des mobiles, des marins, etc., etc. Mais les Allemands étaient gens bien autrement circonspects. Ils n'avaient garde de s'installer dans une habitation aussi isolée, où l'on aurait pu être surpris et enlevé pendant la nuit. La peur des francs-tireurs a donc eu au moins ce bon résultat d'épargner à mes enfants, pendant toute la durée de la guerre, les vexations et les tourments du logement de l'ennemi. MM. Bock et Bahn, le domestique Allrath, sont les seuls Allemands qui aient couché sous mon toit.

Ce voyage m'avait laissé des impressions profondes. Le temps ne les a point effacées.

L'exemple de ce Hanovrien devenu si Prussien me faisait toucher du doigt l'une des conséquences les plus douloureuses de cette fatale guerre. Lorsque la Prusse, en 1866, sans autre droit que son intérêt, avait violemment annexé le Hanovre, et Francfort, et tout ce qui était à sa convenance pour arrondir ses frontières, elle avait rencontré des résistances matérielles dont ses armes avaient triomphé. Mais les combats qui avaient donné raison à la force n'avaient point vaincu les résistances morales ; le droit violé conservait un asile dans la conscience et dans le cœur de plus d'un de ces Allemands auxquels on avait enlevé sa patrie. Nous avions entendu les Francfortois protester contre la privation de leur indépendance. Le joug Prussien n'est pas si léger qu'on puisse le subir sans d'amers regrets. Nous avions eu à Amiens des réfugiés Hanovriens qui avaient préféré l'exil à leur incorporation dans l'armée des vainqueurs. Ils conservaient chez nous l'habitude d'exercices militaires qui attestaient l'espoir, vivant dans leurs cœurs, de reconquérir un jour leur patrie. Et bien d'autres, demeurés au pays, gardaient aussi cette espérance.

Mais la campage de France venait d'anéantir toute possibilité, et je dirai même tout désir d'échapper à l'annexion. La gloire avait jeté son prestige éblouissant sur les armes de la Prusse. Les résultats de la guerre de 1866 étaient désormais complets, car notre défaite avait conquis tous les cœurs Allemands. Avec quel orgueil s'exprimait ce vaincu de Langensalza lorsqu'il me disait : «De la gloire, maintenant nous en avons assez pour des siècles! » Loin de regretter l'annexion, il en était fier. Il ne connaissait plus qu'une patrie, la patrie allemande. L'unité de l'Allemagne était un fait consommé. Le temps devait en développer les conséquences.

Puis, reportant mon regard sur les vaincus, je songeais aux maux de la guerre, à ces cruelles tortures de l'invasion, que ne soupçonneront jamais ceux qui ne les ont pas ressenties. Elles étaient encore plus terribles en dehors des grandes villes ; car à Amiens, sous l'œil des chefs supérieurs de l'armée ennemie, il y avait une certaine retenue dans les procédés des Allemands. Mais au dehors rien ne protégeait nos malheureux compatriotes. Abandonnés de tous, livrés à tous les hasards, à toutes les misères, à toutes les terreurs de la guerre, ils s'abandonnaient eux-mêmes ! Quel abattement ! Quelle prostration ! Quel anéantissement moral !

Ce spectacle désolant rendait plus vif et plus profond encore le sentiment de reconnaissance dont mon cœur était pénétré pour ceux qui, malgré tant de défaillances lamentables, de ruines, de désastres, se redressant du milieu de cet effondrement, maintenaient debout le drapeau de la France et lui gardaient son renom de vaillance.

www.ingramcontent.com/pod-product-compliance
Lightning Source LLC
Chambersburg PA
CBHW060500050426
42451CB00009B/735